Découvrez l'histoire par les archives de presse

RETRONEWS

Le site de presse de la BnF

www.retronews.fr

ANNUAIRE

DE LA

Société des Traditions populaires.

ANNUAIRE

DE LA
SOCIÉTÉ
DES
TRADITIONS POPULAIRES

— 1886 —

PARIS

SOCIETE DES TRADITIONS POPULAIRES

Musée d'Ethnographie du Trocadéro.

M.DCCC.LXXX.VI

SOCIÉTÉ

DES

TRADITIONS POPULAIRES

Depuis 1877, l'étude des Traditions populaires a pris une importance réelle dans notre pays. Des chercheurs laborieux ont recueilli les contes et les légendes, les chansons et les usages de nos différentes provinces, et ont publié d'intéressants ouvrages, de curieuses monographies, de savants travaux sur le Folk-Lore de la France.

Un lien commun manquait pour réunir tous ceux qui, à des titres divers, s'intéressent aux études et aux recherches de traditionnisme, et depuis deux ou trois ans, l'idée avait été agitée de fonder une Société largement ouverte aux amateurs, aux artistes, aux écrivains, aussi bien qu'aux chercheurs, aux savants et aux érudits. Les difficultés étaient grandes, mais elles n'étaient pas insurmontables. Au mois de janvier 1886, la constitution de la Société des Traditions populaires fut résolue en principe. Bientôt arrivèrent les adhésions les plus précieuses. Au 1er avril, la Société comptait plus de 100 membres, et maintenant, — 1er juillet, — ce nombre s'est augmenté de 70 nouvelles adhésions.

Les statuts furent définitivement votés dans une assemblée générale tenue au Cercle Saint-Simon, le 24 mai 1886, sous la présidence de M. Gaston Paris, Membre de l'Institut. Ce vote fut suivi de l'élection du bureau et des comités.

La Société des Traditions populaires ne saurait s'arrêter en si bonne voie. On peut espérer qu'elle verra ces sympathies s'accroître de jour en jour et que de nouvelles adhésions porteront au double le nombre de ses membres et lui permettront d'étendre ses publications.

STATUTS

DE LA

Société des Traditions populaires.

24 MAI 1886

Article premier. — La Société française des Traditions Populaires a pour objet l'étude et la publication de l'ensemble de la Littérature orale, en y comprenant les Superstitions, les anciennes Coutumes, et tous les sujets qui se rattachent à ces questions.

Art. 2. — La cotisation annuelle est de quinze francs, payables au trésorier, dans le courant de janvier.

On pourra se libérer de la cotisation moyennant un versement de 150 francs.

Chaque membre recevra gratuitement les publications ordinaires de la Société.

Art. 3. — Le bureau de la Société se compose d'un

Président, de trois Vice-Présidents, d'un Secrétaire général, de deux Secrétaires et d'un Trésorier.

Un Comité élu statuera sur les admissions, ainsi que sur toutes les affaires de la Société. Il se composera de 25 membres, dont 20 domiciliés à Paris et 5 en province.

Un ou plusieurs Présidents honoraires pourront être choisis parmi les membres de la Société.

Le bureau et le comité sont soumis chaque année à l'élection; ils sont rééligibles.

Art. 4. — Une Assemblée générale se tiendra chaque année au mois de janvier. Elle élira les membres du bureau et des comités. Dans cette Assemblée seront apurés les comptes et dépenses de la Société.

Art. 5. — Une publication périodique paraîtra sous le titre de : *Revue des Traditions populaires.* Cette revue sera rédigée par un Comité de sept membres élus à l'Assemblée générale et rééligibles.

RÈGLEMENT

DE LA

Société des Traditions populaires.

9 JUIN 1886

TITRE PREMIER. — DES ASSEMBLÉES GÉNÉRALES

Tenue des séances.

Article premier. — Chaque fois qu'une Assemblée générale devra avoir lieu, tous les membres de la Société seront convoqués à domicile.

Art. 2. — A l'heure indiquée par la lettre de convocation, le Président, un des vice-Présidents, ou, à défaut, le doyen d'âge des membres présents, occupe le fauteuil et déclare la séance ouverte.

Art. 3. — Lecture est donnée de la correspondance, et les sujets à l'ordre du jour sont mis en délibération, suivant l'ordre indiqué dans les lettres de convocation.

Art. 4. — L'Assemblée générale désignera son Bureau et ses Comités par scrutin de liste et à la majorité relative des votants.

Art. 5. — Lors du renouvellement annuel du Bureau et des Comités, tous les membres de la Société sont invités à voter soit par correspondance, soit en assistant à l'Assemblée générale.

Le Comité central, dans sa réunion de décembre, dressera des listes pour guider le choix des sociétaires.

TITRE II. — FONCTIONS DU BUREAU

§ *I.* — *Président.*

Art. 6. — Le Président représente la Société dans ses rapports avec l'autorité.

Il surveille et assure la bonne exécution des statuts, du règlement intérieur et des décisions prises par les Comités.

Il convoque chaque année les sociétaires en Assemblée générale pour le renouvellement du Bureau et des Comités.

Il peut également en cas d'urgence, et après décision du Comité central, réunir en Assemblée générale les sociétaires présents à Paris.

Il vise, pour paiement, les notes présentées par tous les créanciers de la Société.

Le Président de la Société est Président de droit des Comités et des Commissions de la Société.

§ II. — *Secrétaire général.*

Art. 7. — Le Secrétaire général reçoit, dépouille et rédige la correspondance de la Société.

Il prépare l'ordre du jour des séances de concert avec le Président.

Il a la parole immédiatement après l'adoption du procès-verbal, pour communiquer à la Société les pièces de la correspondance.

§ III. — *Secrétaires.*

Art. 8. — Les secrétaires doivent seconder le Secrétaire général et le Trésorier.

En cas d'absence ou empêchement quelconque du Secrétaire général, celui-ci est remplacé par l'un des secrétaires.

§ IV. — *Trésorier.*

Art. 9. — Le Trésorier perçoit les recettes de la Société.

Il paye les créanciers sur mandats visés par le Président.

Chaque année, il fournit sur l'exercice clos, un rapport dont lecture est donnée à l'Assemblée générale.

Il établit en prévision le budget pour l'année suivante.

Il donne quittance aux sociétaires de leur cotisation annuelle et dispose à vue sur les retardataires.

A l'expiration du premier semestre, il remet au Président, pour être soumise au Comité central, la liste des membres qui n'auraient pas encore payé leur cotisation.

En cas d'empêchement, un membre, délégué par le Comité central, suppléera le Trésorier.

Art. 10. — Le Bureau fait partie de droit des Comités et des Commissions.

TITRE III. — COMITÉ CENTRAL

Art. 11. — Les questions administratives, personnelles, réglementaires, et en général toutes les questions qui ne sont pas purement scientifiques, sont examinées et résolues dans les séances du Comité central.

Art. 12. — Le Bureau du Comité central est le même que celui de la Société.

Art. 13. — Les membres du Comité central qui, sans être en congé ou sans justifier de leur absence, manqueront à deux séances consécutives du Comité, seront, après avertissement préalable, considérés comme ne faisant plus partie du Comité.

Art. 14. — Les procès-verbaux des séances du Comité, n'étant pas destinés à être publiés, sont transcrits par les soins du secrétaire général sur un registre spécial qui reste toujours déposé dans les Archives.

Art. 15. — Le Comité central pourvoit provisoirement aux vacances qui pourraient se produire dans le Bureau et les Comités.

Art. 16. — Le Comité central se réunit régulière-

ment quatre fois par an, en février, mars, mai et décembre.

Art. 17. — Sur la demande de cinq membres, trans-
mise au Président, le secrétaire général convoque ex-
traordinairement les membres du Comité central.

TITRE IV. — COMITÉ DE RÉDACTION

Art. 18. — Le Comité de rédaction est chargé de
la publication de la *Revue des Traditions populaires.*
Ses droits sont absolus, sauf appel au Comité central.
Il décide, ajourne ou refuse l'impression des travaux
qui lui sont envoyés et détermine l'ordre de leur publication. Il s'entend avec les auteurs pour les modifica-
tions, les coupures et les suppressions qui lui paraissent
opportunes. Il publie les analyses des ouvrages qui lui
sont adressés.

Art. 19. — Le Comité de rédaction nomme lui-
même son secrétaire.

TITRE V. — BULLETIN DE LA SOCIÉTÉ

Art. 20. — Le Bulletin de la Société a pour titre :
Revue des Traditions populaires.

Art. 21. — Le Bulletin publie les travaux admis par
le Comité de rédaction.

Art. 22. — En dehors de son Bulletin, la Société
publie tous les ans un fascicule supplémentaire qui con-
tient: la liste des membres, les statuts et règlement de

la Société, le compte rendu du Trésorier et le projet de budget de l'année suivante.

Art. 23. — Le Bulletin de la Société paraît tous les mois, par les soins du secrétaire général, sous le contrôle du Comité de rédaction qui d'avance en a arrêté le contenu.

Art. 24. — Le Bulletin et le fascicule supplémentaire sont adressés gratuitement aux sociétaires.

Art. 25. — Les envois gratuits et les échanges sont autorisés par le Comité central.

Art. 26. — Les membres de la Société qui désireraient au moins 25 exemplaires d'un numéro du Bulletin, les paieront au prix de revient, à condition toutefois qu'ils en fassent la demande avant le tirage au secrétaire général.

TITRE VI. — ABONNEMENTS A LA REVUE

Art. 27. — Le prix d'abonnement à la *Revue des Traditions populaires*, est fixé à *douze* francs par an payables d'avance à la caisse du trésorier de la Société qui en délivre quittance.

A partir du 1er janvier 1887, le prix des abonnements sera fixé à *quinze* francs pour la France ; pour l'étranger, cette somme sera augmentée des frais de poste.

Art. 28. — Le prix de vente du Bulletin sera fixé à 1 fr. 25 c. le numéro, à partir du 1er janvier 1887.

TITRE VII. — BUDGET DE LA SOCIÉTÉ

Art. 29. — Les ressources de la Société se composent :

1º Du produit des cotisations ;
2º Des dons et legs faits à la Société ;
3º Des subventions ou souscriptions ;
4º De la vente du Bulletin et de toutes les autres publications de la Société ;
5º Du produit des concerts et des conférences ;
6º Du produit de la vente aux sociétaires d'un diplôme qui pourra être institué.

Art. 30. — Lorsque l'état des finances de la Société le permettra, les dons, legs et rachats de cotisations seront capitalisés.

Art. 31. — Les fonds sont employés :

1º A la publication, en lui donnant la plus grande extension possible, de la *Revue des Traditions populaires* ;
2º Aux frais de location d'une salle pour les séances de la Société et des Comités ;
3º Généralement à toutes les dépenses de la Société.

TITRE VIII. — ADMISSIONS

Art. 32. — Toute demande d'admission devra être

adressée par écrit au Président et appuyée par deux membres de la Société.

Art. 33. — Les admissions sont prononcées par le Comité central.

TITRE IX. — DÉMISSIONS

Art. 34. — Toute démission devra être adressée par écrit au Président de la Société qui en fera donner avis au Trésorier par le Secrétaire général.

Art. 35. — Tout membre qui, dans le délai qui lui sera fixé par le Comité central, n'aura pas payé sa cotisation annuelle, sera considéré comme démissionnaire.

TITRE X. — MODIFICATIONS

Art. 36. — Toute modification au présent règlement ne pourra être faite que par suite d'une délibération de l'Assemblée générale annuelle, sur la proposition du Comité central.

BUREAU ET COMITÉS POUR 1886

Présidents honoraires : MM. Xavier MARMIER.

Frédéric MISTRAL.

Ernest RENAN.

Vᵗᵉ Hersart de la VILLEMARQUÉ.

Président : GIRARD DE RIALLE.

Vice-Présidents : Loys BRUEYRE.

Dʳ Ernest HAMY.

Charles PLOIX.

Secrétaire général : Paul SÉBILLOT.

Secrétaires : Henry CARNOY.

Julien VINSON.

Trésorier : Alphonse CERTEUX.

COMITÉ DE RÉDACTION

MM. Henry CARNOY.

Alph. CERTEUX.

Dʳ E. HAMY.

N. QUELLIEN.

MM. Paul SÉBILLOT.

Ch. de SIVRY.

Gabriel VICAIRE.

Secrétaire de la rédaction : M. Henry CARNOY.

I...

COMITÉ CENTRAL

MM. d'Arbois de Jubainville
Émile Blémont.
Prince Roland Bonaparte.
Bourgault-Ducoudray.
Loys Brueyre.
Henry Carnoy.
Alph. Certeux.
Henri Cordier.
Girard de Rialle.
Dr Ernest Hamy.

MM. Ch. Leclerc.
Frédéric Ortoli.
Gaston Paris.
Ch. Ploix.
N. Quellien.
Raoul Rosières.
Paul Sébillot.
Charles de Sivry.
Gabriel Vicaire.
Julien Vinson.

MEMBRES NE RÉSIDANT PAS A PARIS

MM. J.-F. Bladé.
Emm. Cosquin.
Ch. Guillon.
F.-M. Luzel.
Cte de Puymaigre.

MEMBRES

DE LA

Société des Traditions populaires.

1ᵉʳ JUILLET 1886

ALHEIM (d'), artiste-peintre, 28, rue Mazarine, Paris.

ALLOMBERT, 28, rue de l'Arbalète, Paris.

ANCONA (Alessandro d'), professeur à l'Université de Pise (Italie).

ANDREWS (B.), villa Pigautié, à Menton (Alpes-Maritimes).

ANTONOVITCH, professeur à l'Université de Kiew (Russie).

ARBOIS DE JUBAINVILLE (d'), membre de l'Institut, 84, boulevard Montparnasse, Paris.

ARÈNE (Paul), homme de lettres, 20, rue de Verneuil, Paris.

AUGIER (Dʳ), 54, rue Fessart, Paris.

BASSET (René), professeur à l'École supérieure des Lettres, 22, rue Randon, Alger.

BEAUCLAIR (Henry), homme de lettres, 26, rue de l'Université, Paris,

BEAUFEU (P.), artiste-peintre, 3, avenue du Coq, Paris,

BEAUREGARD (Olivier), 3, rue Jacob, Paris.

BEAUVAIS (Armand), artiste-peintre, 18, rue Denfert-Rochereau, Paris.

BERNÈS, professeur à la Faculté des Lettres de Douai, 37, rue de Bellain, à Douai (Nord).

BÉZIER, inspecteur primaire, 1, rue Leperdit, à Rennes (Ille-et-Vilaine).

BIDAULT, artiste-peintre, Rossillon (Ain).

BLADÉ (J.-F), correspondant de l'Institut, cours Saint-Antoine, à Agen (Lot-et-Garonne).

BLÉMONT (Émile), homme de lettres, 16, rue d'Offemont, Paris.

BOGISIC (V.), professeur à l'Université d'Odessa, 71, rue des Saints-Pères, Paris.

BONAPARTE (Prince Roland), Cours la Reine, Paris.

BONNEMÈRE (Lionel), 47, rue Notre-Dame-de-Lorette, Paris.

BOUCHOR (Maurice), 30, rue des Mathurins, Paris.

BOURCHENIN (Daniel), avenue Gambetta, à Arcachon, (Gironde).

BOURGAULT-DUCOUDRAY, professeur au Conservatoire de musique, 6, rue Thénard, Paris.

Boutet de Monvel, artiste peintre, 17, rue Rousselet, Paris.

Bréal (Michel), membre de l'Institut, 63, boulevard Saint-Michel, Paris.

Brousse (Émile), conseiller de préfecture, 13, rue Soufflot, Paris.

Brueyre (Loys), membre de Folk-lore Society, 134, boulevard Haussmann, Paris.

Bulliot (J.-G.), président de la Société Eduenne, à Autun (Saône-et-Loire).

Carnoy (E.-Henry), professeur au Lycée Louis-le-Grand, 33, rue Vavin, Paris.

Cerf (Léopold), éditeur de la *France merveilleuse et légendaire*, 13, rue de Médicis, Paris.

Cerquand, inspecteur honoraire de l'Université, Avignon (Vaucluse).

Certeux (Alphonse), membre de la Société historique algérienne, 167, rue Saint-Jacques, Paris.

Charencey (Comte de), 3, rue Saint-Dominique, Paris.

Charton (Edouard), sénateur, 29, quai des Grands-Augustins, Paris.

Chéron (Albéric), rue Jenner, 48, Paris.

Colleville (de), sous-préfet, à Quimperlé (Finistère).

Cordier (Henri), professeur à l'École des Langues orientales, 3, place Vintimille, Paris.

Cornu (J.), professeur à l'Université de Prague, Sahn-
gasse, 9 (Autriche-Hongrie).

Corot (Henry), rue Lepelletier-de-Chambure, à
Dijon.

Cosquin (Emmanuel), à Vitry-le-François (Marne).

Decombe (Lucien), président de la Société d'archéo-
logie, 13, rue de l'Embarcadère, à Rennes.

Deniker, 19, rue Berthollet, Paris.

Desrousseaux (A.), chansonnier lillois, 48, rue Jacque-
mars-Giélée, à Lille.

Destriché (Mme veuve), château du Loir (Sarthe).

Dozon (A.), ancien consul, 56, rue de la Paroisse, à
Versailles.

Dupuy (E.), professeur au lycée Henry IV, 54, rue
Notre-Dame-des-Champs, Paris.

Durandeau, 51, rue Saint-Philibert, Dijon.

Duringer, professeur au lycée Charlemagne, Paris.

Farcy, économe à l'École Normale, Besançon (Doubs).

Farges (L.), attaché au Ministère des Affaires étrangères, 36, rue Vaneau, Paris.

Faure (Maurice), député, 159, rue de Rennes, Paris.

Fertiault, 21, rue Clauzel, Paris.

Finamore (Dottore Gennaro), Lanciano, Abruzzi (Italie).

Fitzgerald (D.), 5, Porten-Road, Hammersmith,
Londres.

FLEURY (Jean), lecteur à l'Université de Saint-Pétersbourg, 33, rue des Officiers, à Saint-Pétersbourg
(Russie).

FOURCAUD (B. de), homme de lettres, 20, rue des Apen-
nins, Paris.

FRANK (Félix), chef de division à la Préfecture de la
Seine, 33, rue de Chartres, à Neuilly-sur-Seine.

FRÉMINE (Charles), rédacteur du *Rappel*, 72, rue
d'Assas, Paris.

GILLIÉRON (J.), professeur à l'École des hautes études,
3, rue Saussier-Leroy, Paris.

GIRARD DE RIALLE, directeur des Archives au Ministère
des Affaires étrangères, 1, place Pereire, Paris.

GITTÉE (Auguste), professeur à l'Athénée royal, Ath
(Belgique).

GUICHOT Y SIERRA (Alejandro), éditeur, Calle Teodo-
sio, à Séville (Espagne).

GUILLIN (Camille), place des Cordeliers, à Bourg (Ain).

GUILLON (Charles), rue Chévrerie, à Bourg (Ain).

GUYOT (Yves), député, 95, rue de Seine, Paris.

GUYOT-DAUBÈS, directeur de la *Correspondance scientifique*, 166, boulevard Montparnasse, Paris.

GRANDMOUGIN (Ch.), homme de lettres, 11, boulevard
Gouvion-Saint-Cyr, Paris.

GRÉVILLE (Mme Henry), 5, quai Voltaire, Paris.

HAMY (Dr Ernest), conservateur du musée d'Ethno

graphie, au palais du Trocadéro, 40, rue de Lubeck,
Paris.

Hanotaux (Karl), 7, rue d'Obligado, Paris.

Hercouet (Paul), 9, rue Casimir-Delavigne, Paris.

Hercouet (Henri), 9, rue Casimir-Delavigne, Paris.

Hovelacque (Abel), président du Conseil municipal
de Paris, 39, rue de l'Université, Paris.

Indy (d'), 7, avenue de Villars, Paris.

Janvier (Dr Louis) (d'Haïti), 4, rue de l'Ecole-de-Mé-
decine, Paris.

Joret (Ch.), professeur à la Faculté des Lettres, 5, rue
Saint-Michel, à Aix (Bouches-du-Rhône).

Krafft (Hugues), 84, boulevard Malesherbes, Paris.

Lach Szyrma, Saint-Péters, Vicarage Plewlyn, Pen-
zance (Angleterre).

Lacuve, instituteur, membre de la Société des Sciences
des Deux-Sèvres, à Saint-Marc-la-Lande (Deux-
Sèvres).

Lamy (Ernest), 12, rue de l'Isly, Paris.

Leclerc (Ch.), éditeur des *Littératures populaires*,
25, quai Voltaire, Paris.

Léger (Louis), professeur au Collège de France, 157,
boulevard Saint-Germain, Paris.

Lemoine (Jules), rue du Val, à Lamballe (Côtes-du-Nord).

Leroux (Ernest), éditeur de la *Collection de Contes et Chansons populaires*, 28, rue Bonaparte, Paris.

Leser (Paul), publiciste, 16, rue Stanislas, Paris.

Lorin (Maxime), homme de lettres, 7, rue Campagne-Première, Paris.

Luzel (F -M.), archiviste du Finistère, Quimper.

Machado y Alvarès, publiciste, calle Santa-Engrencia, 42, Madrid (Espagne).

Macors (Albert), rue Notre-Dame, Bourg (Ain).

Maison (Émile), publiciste, à Dreux (Eure-et-Loir).

Malécot (Dr), 16, rue Damon, Paris.

Marieton (Paul), homme de lettres, 9, rue Richepanse, Paris.

Marmier (Xavier), membre de l'Académie française, 2, place Saint-Thomas-d'Aquin, Paris.

Martinengo (Mme la comtesse), palazzo Martinengo, Loy-di-Garda, Salo (Italie).

Maspero (G.), directeur du musée de Boulacq, 43, boulevard Saint-Germain, Paris.

Mauricet, place de la Halle-aux-Grains, à Vannes, (Morbihan).

Mérat (Albert), au palais du Sénat, rue de Vaugirard, Paris.

Mercier, 22, rue Monsieur-le-Prince, Paris.

Millien (Achille), homme de lettres, Beaumont-la-Ferrière (Nièvre).

Mistral (Frédéric), à Maillane, par Graveson (Bouches-du-Rhône).

Mont (Pol de), professeur à l'Athénée royal, 11, rue Milis, à Anvers (Belgique).

Moréas (Jean), homme de lettres, 5, impasse du Cardinal-Lemoine, Paris.

Mortillet (G. de), député, à Saint-Germain-en-Laye (Seine-et-Oise).

Mortillet (Adrien de), à Saint-Germain-en-Laye, (Seine-et-Oise).

Nadaillac (Marquis de), 8, rue d'Anjou-Saint-Honoré, Paris.

Naquet (Félix), 17, rue de Lancry, Paris.

Ney (Capitaine), vice-président de la Société de géographie commerciale, Paris.

Nutt (Alfred), 270, Strand, à Londres (Angleterre).

Ortoli (Frédéric), homme de lettres, 32, rue de l'Arbalète, Paris.

Ortoli (Antoine-Lucien), à Olmiccia-di-Tallano (Corse), 23, rue Cujas, Paris.

Paris (Gaston), membre de l'Institut, 110, rue du Bac, Paris.

Pézieux, sculpteur, 38, avenue Duquesne, Paris.

Pitet (Georges), 5, rue Thiers, au Vésinet (Seine).

Ploix (Ch.), ancien président de la Société d'Anthropologie, ingénieur-hydrographe, 47, rue de Verneuil, Paris.

Pouvillon (Émile), homme de lettres, à Montauban (Tarn-et-Garonne).

Puymaigre (Comte de), 17, rue de l'Université, Paris.

Quatrefages (de), membre de l'Institut, 36, rue Geoffroy-Saint-Hilaire, Paris.

Quellien (N.), attaché au Ministère des Affaires étrangères, 3, cité Talma, Paris.

Ranse (de), 85, avenue Montaigne, Paris.

Régamey (Félix), artiste-peintre, 8, rue de Solférino, Paris.

Renan (Ernest), membre de l'Académie française, au Collège de France, rue des Écoles, Paris.

Rhoné (Arthur), correspondant de l'Institut égyptien, 10, rue du Pré-aux-Clercs, Paris.

Richepin (Jean), homme de lettres, 9, rue Galvani, Paris.

Ristelhuber (P.), homme de lettres, 3, quai Saint-Nicolas, Strasbourg (Alsace-Lorraine).

Rive (Paul), rue Notre-Dame, à Bourg (Ain).

Rosières (Raoul), homme de lettres, à Meulan (Seine-et-Oise).

RONCHAUD (L. de), directeur des musées nationaux, palais du Louvre, Paris.

ROUSSELET (Louis), directeur du *Journal de la Jeunesse*, 126, boulevard Saint-Germain, Paris.

SAINT-JUIRS, homme de lettres, 23, rue Clauzel, Paris.

SALABERRY, à Mauléon (Basses-Pyrénées).

SANTA-ANNA-NÉRY (de), directeur de la *Revue du Monde Latin*, 21, rue Berlioz, Paris.

SAUVÉ, sous-inspecteur des douanes, à Remiremont (Vosges).

SÉBILLOT (Paul), artiste-peintre, 4, rue de l'Odéon, Paris.

SÉCHÉ (Léon), directeur de la *Revue de Bretagne et d'Anjou*, 9, boulevard Port-Royal, Paris.

SERRIER, 3, rue Clotaire, Paris.

SICHLER (Léon), artiste-peintre, 16, rue de Seine, Paris.

SICOTIÈRE (de la), sénateur, 3, rue de Fleurus, Paris.

SIGNORET (Henry), rue de l'Abbé-de-l'Épée, 1, Paris.

SIMON (Jules), sénateur, membre de l'Institut, 10, place de la Madeleine, Paris.

SIVRY (Ch. de), 4, avenue de Clichy, Batignolles, Paris.

TIERSOT (Julien), sous-bibliothécaire au Conservatoire de musique, 6, rue des Beaux-Arts, Paris.

TOPINARD (Dr Paul), secrétaire général de la Société d'Anthropologie, 105, rue de Rennes, Paris.

VARAT, 17, boulevard de la Madeleine, Paris.

Vaulpré, 46, rue Monge, Paris.

Vicaire (Gabriel), homme de lettres, 63, rue de Grenelle, Paris.

Vicaire (Georges), publiciste, 24 bis, rue Singer, Passy, Paris.

Villemarqué (Vicomte Hersart de la), membre de l'Institut, à Kerausker, près Quimperlé (Finistère).

Vingtrinier (Aimé), bibliothécaire de la Ville, 32, rue Neuve, à Lyon.

Vinson (Julien), professeur à l'École des langues orientales, 5, rue de Beaune, Paris.

Webster, maison Bechienea, à Sare (Basses-Pyrénées).

Wissendorff, moïka n° 17, aff. 8, à Saint-Pétersbourg (Russie).

Xau (Ferdinand), homme de lettres, 54, rue de la Victoire, Paris.

ABONNÉS

Championnière (D^r), 30, rue d'Enghien, Paris.

Clavier (D^r), à Arlais (Jura).

Darthès (Mme), 5, rue d'Offémont, Paris.

Dizain, 130, boulevard Saint-Germain, Paris.

Hamel (D^r), Agou-Coutainville (Manche).

Hartland (E. S.), esq., 7, Rutland-Street, S. Wales, Svansea.

Jemain (Joseph), 93, rue Demours, Paris.

Landouzy (D^r), 4, rue Chauveau-Lagarde, Paris.

Marty (D^r), médecin-major au 1er bataillon d'Afrique, Le Kreider (Oran).

Musée de Saint-Germain, à Saint-Germain-en-Laye (Seine-et-Oise).

Pillaud (D^r), Sainte-Hermine (Vendée).

Pommerol, à Gerzat (Puy-de-Dôme).

Reinach (Salomon), musée de Saint-Germain-en-Laye.

Sougui, lieutenant de vaisseau de la marine du Japon, 23, rue Racine, Paris.

Tanret, 64, rue Basse-du-Rempart, Paris.

Wegman, Place de l'Odéon, Paris (Café).

Zéno Zamelti, à Perugia, par Pierantonio (Italie).

CORRESPONDANTS

Suchier (H.), professeur à Halle-Saale (Périodiques allemands).

Pettersen (Hjalmar), à Christiania (Publications scandinaves).

REVUE DES TRADITIONS POPULAIRES

La *Revue* publie les travaux et les documents qui lui sont adressés par les membres de la *Société des Traditions populaires*. Chaque numéro donne une étude littéraire ou artistique, un article scientifique, des chansons avec musique, des contes, des légendes, des proverbes curieux, des travaux originaux sur les coutumes et les croyances populaires.

La *Revue* tient ses lecteurs au courant du mouvement scientifique; elle publie le sommaire des périodiques français et étrangers consacrés aux études de traditionnisme, et donne l'analyse des nouvelles publications de Folk-Lore.

La *Revue* est envoyée gratuitement aux sociétaires. Pour les non-sociétaires, le prix de l'abonnement est de 12 francs (15 francs pour l'étranger). Un numéro de 32 pages, grand in-8, paraît le 15 de chaque mois.

DINER DE *MA MÈRE L'OYE*

Le dîner scientifique et littéraire de *Ma Mère l'Oye* fut fondé à Paris en 1878 par MM. E. Rolland, H. Gaidoz, G. Vicaire, H. Carnoy, L. Brueyre, Ph. Kuhff, L. Léger, H. de Charencey, etc., etc.

Il réunit le dernier jour de chaque mois — excepté en juillet, août et septembre — tous ceux qui s'intéressent aux études du traditionnisme.

Le dîner de *Ma Mère l'Oye* a lieu à sept heures, au Cercle Saint-Simon, boulevard Saint-Germain, 215, et rue Saint-Simon, 2. Les sociétaires de passage à Paris sont priés d'y assister.

Au dessert, les bons contes et les joyeuses chansons d'autrefois vont leur train, et l'on rit comme savaient rire nos pères.

Prévenir deux jours à l'avance l'un des commissaires: MM. L. Brueyre, P. Sébillot, N. Quellien.

AVIS

Le Comité central serait reconnaissant à MM. les sociétaires qui pourraient procurer le plus tôt possible un ou plusieurs adhérents nouveaux à la Société; ou même, simplement, des abonnés à la *Revue des Traditions populaires*.

Avec quelques membres en plus du nombre actuel, le bon fonctionnement de la Société serait tout à fait assuré, les frais de publication de la *Revue*, — sur le pied de 32 pages d'impression par numéro, — seraient couverts; et, enfin, si chaque sociétaire amenait un nouvel adhérent, la *Revue des Traditions populaires* pourrait paraître tous les quinze jours, ou bien les fascicules mensuels contiendraient le double de matières.

MM. les sociétaires sont priés d'envoyer le plus tôt possible le montant de leur cotisation — 15 francs — en un mandat-poste à l'adresse de M. A. Certeux, Trésorier de la Société, 167, rue Saint-Jacques, à Paris.

COMMUNICATIONS

La correspondance générale est adressée à *M. le Secrétaire général de la Société des Traditions populaires*.

Les manuscrits, tirages à part, volumes, etc., destinés à la *Revue*, sont adressés à *M. le Secrétaire du comité de rédaction*, au siège de la *Société des Traditions populaires*, au Musée d'ethnographie du Trocadéro.

BIBLIOTHÈQUE

Pour former le premier fonds de la Bibliothèque, nous prions MM. les sociétaires et MM. les éditeurs de nous adresser un exemplaire de leurs publications. La *Revue* rendra compte de ces dons gracieux.

DEMANDES D'INSCRIPTIONS

Les personnes qui désirent faire partie de la Société n'ont qu'à envoyer leur adhésion à M. Girard de Rialle, Président de la *Société des Traditions populaires*.

TABLE

IMPRIMERIE ÉMILE COLIN, A SAINT-GERMAIN.